RÉGLEMENT

DE LA

SOCIÉTÉ FRATERNELLE

DES OUVRIERS TAILLEURS.

RÉGLEMENT

DE LA

SOCIÉTÉ FRATERNELLE

DES

OUVRIERS TAILLEURS.

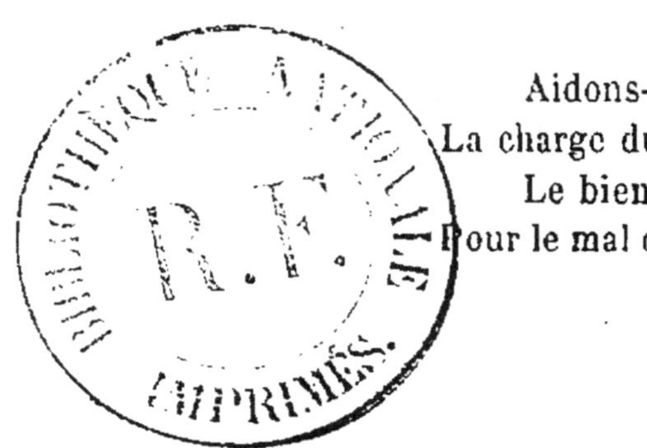

Aidons-nous mutuellement,
La charge du malheur en sera plus légère :
Le bien que l'on fait à son frère
Pour le mal que l'on souffre est un soulagement.

FLORIAN.

LILLE.

IMPRIMERIE DE L. DANEL, GRANDE-PLACE.

1848.

RÉGLEMENT

DE LA

SOCIÉTÉ FRATERNELLE

DES

OUVRIERS TAILLEURS.

L'homme livré à lui-même manque d'appui, son isolement aggrave ses besoins, les avantages d'une association peuvent seuls le protéger contre les vicissitudes humaines. Nous devons désormais ne former qu'une seule société, une société générale, nous fréquenter souvent, nous instruire, nous aider de conseils et enfin nous créer des moyens de ressources.

Jusqu'à ce jour nous avons souffert par le manque de travail, c'est pour nous en procurer que nous devons au plus tôt former un capital assez considérable et entreprendre l'œuvre fraternelle qui doit être le but de tout honnête citoyen.

Afin de donner aux membres, dont le nombre est illimité, les moyens de se communiquer leurs pensées, la Société des ouvriers tailleurs est organisée ainsi qu'il suit :

ORDRE DE LA SOCIÉTÉ.

ART. 1.er — La Société est divisée par sections.

2. — Une section est composée de dix hommes, et s'augmente jusqu'à quatorze ; arrivée à ce point, elle se partage

et forme deux sections ; elle a son numéro d'ordre dans la Société.

3. — Une section a un chef élu à la majorité des voix par les membres de la section.

4. — La société est gérée par un comité composé d'un président, d'un vice-président et d'un caissier (ce dernier doit être sédentaire), élus à la majorité des voix par les membres de la Société.

5. — Le comité s'adjoint un secrétaire principal.

DES FONCTIONS.

6. — Les fonctions du président sont de surveiller la marche générale de la Société, recevoir les rapports et réclamations, y faire droit, convoquer le conseil et y régler l'ordre des séances ; il a toujours le droit de réviser les registres.

7. — Les fonctions de vice-président sont de remplacer le président en cas d'urgence et de coopérer à ses travaux.

8. — Les fonctions du secrétaire principal sont de diriger les écritures et de remplir spécialement ces fonctions dans le conseil. Il est l'archiviste de la Société. Aux assemblées générales il tient la plume, rédige les procès-verbaux. Chargé de la tenue du grand-livre, il reçoit toutes les pièces nécessaires.

9. — Il sera nommé un assesseur au secrétaire principal, faisant fonctions de rapporteur près le conseil et l'assemblée générale.

10. — Les fonctions du caissier sont de recevoir les recettes hebdomadaires par les chefs de section, il en tient le registre, et signe leurs livres. La recette close et additionnée, il délivre au secrétaire un bordereau qui en constate le montant ; il est chargé des dépenses de second ordre, en tient la main courante, la montre tous les mois au président et au secrétaire en leur donnant les reçus.

11. — Le trésorier est dépositaire et gardien de la caisse ; cette caisse est en chêne et fermée par deux serrures et un cadenas. Le président a toujours une clef, le vice-président, le caissier et le secrétaire en ont une qu'ils se changent tous les mois. La troisième est tenue par les chefs de section qui se changent tous les quinze jours.

Il sera adjoint au secrétaire principal un assesseur faisant fonctions de rapporteur près le conseil et l'assemblée générale.

12. — Les fonctions de chefs de section sont : 1.º de faire partie du conseil ; 2.º présider la réunion de leurs sections et leur communiquer les délibérations du conseil ; 3.º recevoir les rapports et réclamations des membres de leurs sections ; 4.º recevoir les cotisations des mains des sectionnaires, signer leurs livres, et porter le sien et les cotisations au caissier.

DU CONSEIL.

13. — Le conseil se compose du président, du vice-président, du secrétaire principal, du caissier, de tous les chefs de section et de deux sectionnaires par section, pris par tour de rôle.

14. — Le conseil s'assemble toutes les semaines, le vendredi, sauf les cas extraordinaires, pour la reddition des comptes, recevoir les rapports et réclamations, et y faire droit s'il se peut.

15. — Les assemblées extraordinaires auront pour objet les cas imprévus qui exigeraient une prompte délibération.

16. — La séance sera ouverte par le président, qui fera l'appel nominal, les membres absents seront à l'amende de 15 cent. et ne pourront revenir sur ce qui a été décidé.

17. — On ne traitera dans chaque assemblée que de ce

qui concerne les intérêts , l'ordre et l'administration de la Société avec tout le calme et la décence possibles ; on n'y prendra de délibérations qu'à la majorité des voix.

18. — Dans le cas où le vote serait au pair, le président, au second tour de ballottage, donnera sa voix qui décidera de la majorité.

19. — Toute proposition adoptée sera insérée au procès-verbal, et transcrite sur un registre destiné à cet effet, dès-lors elle est obligatoire.

DES ÉLECTIONS.

20. — Lorsqu'il s'agira de nommer un membre du bureau, les chefs de sections en donneront avis à leurs sectionnaires, et recueilleront, par lettres closes, leurs votes à part, les remettront au conseil assemblé, qui en fera le dépouillement.

21. — Le scrutin se fera en présence des membres du conseil par les deux sectionnaires , sous l'assistance du secrétaire principal ; toutes les sections devront être représentées.

22. — Le scrutin terminé , le dépouillement se fera à haute voix ; le président en donnera le résultat et nommera.

23. — Les élections pour un chef de section ne se feront pas à moins des 2/3 de l'effectif de la section.

24. — Ne pourront être nommés chefs de section que les sectionnaires âgés de 21 ans.

25. — Tous les fonctionnaires sont élus pour un an, sauf réclamation contre eux ; ils sont rééligibles.

26. — Nul ne peut exercer deux fonctions.

DES FONDS DE LA SOCIÉTÉ.

27. — Chaque sociétaire verse à la caisse cinquante centimes par semaine depuis le 1.er avril jusqu'au 1.er juillet ,

et depuis le 1.er octobre jusqu'au 1.er janvier ; le reste de l'année, la cotisation n'est plus que de vingt-cinq centimes par semaine.

A chaque versement, le chef de section signe le livret du sociétaire.

28. — Le sociétaire sans travail n'est pas tenu de verser exactement, mais il est débiteur et a trois mois pour solder ; s'il ne le fait pas, le chef de section l'avertira, et faute par lui de répondre, le chef en fera part au conseil, qui délibérera si l'on doit l'exclure.

29. — La présentation des livres sera faite chaque mois aux chefs de section, au jour indiqué par le président.

30. — Le trésorier ne pourra avoir en caisse que jusqu'à 150 fr. ; passé cette somme, 100 fr. seront placés dans une banque qui offrira le plus de sûreté, suivant la décision du conseil.

31. — Les billets reçus en échange des sommes placées seront faits au nom des sociétaires désignés par le conssil, pris autant que possible dans ceux reconnus sédentaires.

32. — Les billets seront déposés chez le trésorier avec le fonds de réserve.

33. — Il ne sera retiré d'argent placé que par décision du conseil.

34. — On accordera aucun secours avant que la caisse ne soit à 20,000 fr. pour mille hommes, 40,000 fr. pour deux mille hommes, et ainsi de suite. Lorsque cette somme sera réalisée, on délibérera en assemblée générale sur l'emploi qu'on fera des fonds.

DE L'ADMISSION.

35. — L'admission d'un sociétaire se fait près du chef de section, sur la proposition de deux sectionnaires.

36. — La cotisation d'admission est fixée à 1 fr. pour chaque sociétaire, moyennant réciprocité.

Nul ne peut être admis comme sociétaire s'il n'est âgé de 16 ans, et d'une moralité irréprochable.

37. — Si un sociétaire perd son livret, il pourra en obtenir un nouveau moyennant 25 centimes.

38. — Un sociétaire qui sera obligé de s'absenter pour affaire quelconque, et qui en avertira le comité, sera néanmoins membre de la Société, pourvu que l'absence ne dépasse pas six mois. Il sera obligé de se présenter aussitôt son retour, et faute par lui de s'y conformer, il sera tenu de payer l'arrérage à dater du jour de son retour, à raison de 1 fr. par quinzaine jusqu'au jour de sa déclaration.

39. — Un sociétaire changeant de ville doit faire viser son livret au secrétaire ; il a droit au secours durant sa route, et il est sociétaire de l'endroit où il doit résider.

DISPOSITIONS GÉNÉRALES.

40. — Toute proposition tendant à modifier la Societé ou étendre son but, devra être soumise au conseil, et, si elle est prise en considération, elle devra être soumise aux sectionnaires, et ne pourra être adoptée et acceptée qu'avec l'assentiment des deux tiers au moins des membres de la Société.

41. — Tout sociétaire qui enfreindrait une décision prise dans la forme ci-dessus, sera exclu de la Société et privé de l'appui de la confraternité sociale.

42. — La Société désavoue les actes faits en son nom qui n'auraient pas été soumis au conseil.

43. — Il ne pourra être innové dans la Société ni y être employé de fonds sans l'assentiment du conseil.

44. — Les membres qui se retireront volontairement de la Société, ou qui seront considérés comme tels, ainsi que les exclus , n'auront aucun droit sur les fonds de la Société.

45. — Un sociétaire ne pourra changer de section sans motifs reconnus valables par le conseil ; toutefois ce changement ne pourra avoir lieu que les 1.er et 15 de chaque mois.

46. — Dans le cas où un membre se trouvera dans une situation imprévue dans le présent réglement, il réclamera au comité qui en délibérera en conseil.

47. — Le conseil pourra délibérer sur les exclusions et les commutations.

48. — Il y aura, le premier mardi de chaque mois, séance obligatoire. pour tous les sociétaires, sous peine de 20 centimes d'amende, pour le cas d'absence.

49. — La séance sera ouverte à huit heures du soir, heure à laquelle le secrétaire fera l'appel nominal, lequel appel aura lieu encore à neuf heures et demie ; en conséquence, les sociétaires absents aux deux appels seront passibles de l'amende.

50. — Il sera désigné pour les assemblées générales, deux commissaires de service, pris à tour de rôle, chargés de maintenir l'ordre ; ils sont priés de le faire avec tous les ménagements compatibles avec l'entière exécution du service, et en des termes convenables.

51. — Il y aura entre tous les sociétaires, amitié, union et parfaite égalité.

52. — Tout sociétaire demandant la parole se fera inscrire au bureau, et l'obtiendra à tour de rôle, sauf le cas d'urgence.

53. — Tout sociétaire qui interrompra l'orateur une fois sera rappelé à l'ordre par le président ; à la seconde il sera passible d'uue amende de 20 centimes, à la troisième, il sera enjoint de quitter la salle , pour la présente séance seulement.

54. — Tout sociétaire qui se présentera aux assemblées dans un état d'ivresse sera prié de se retirer immédiatement ; le commissaire de service en avertira le président.

55. — Tout sociétaire qui introduira aux assemblées un citoyen étranger à la Société sera passible d'une amende de 20 centimes, et l'étranger sera prié de se retirer.

56. — Les sociétaires sont instamment priés d'éviter toute personnalité, tant envers les maîtres qu'envers les ouvriers, et de bien vouloir adresser leurs réclamations au conseil, qui y fera ou fera faire droit.

BUREAU DE PLACEMENT.

57. — Il sera établi un bureau pour le placement des ouvriers ; la direction en sera confiée à un ancien ouvrier réunissant moralité et capacité nécessaires à cet effet.

58. — Le placeur possédera deux livres, un pour les demandes d'ouvrage et un autre pour les demandes d'ouvriers.

59. — Il sera tenu de présenter ses livres les jours d'assemblée du conseil.

60. — Les maîtres seront priés de s'adresser au bureau pour les demandes d'ouvriers.

61. — Les sociétaires munis de leurs livrets seront seuls placés par la Société.

62. — L'ouvrier sera tenu, pour chaque placement, de verser 50 centimes à la caisse de la société.

63. — Le placeur ne pourra cumuler d'autres fonctions.

64. — La Société a été fondée le 2 mai 1848.

M

—

COTISATION.

Mois.	1re semaine	2.e semaine	3.e semaine	4.e semaine	Observat.
Avril.					
Mai.					
Juin.					
Juillet.					
Août.					
Septembre					
Octobre.					
Novembre.					
Décembre.					

Mois.	1re semaine	2.e semaine	3.e semaine	4.e semaine	Observat.
Janvier.					
Février.					
Mars.					
Avril.					
Mai.					
Juin.					
Juillet.					
Août.					
Septembre					
Octobre.					
Novembre.					
Décembre.					
Mois.	1re semaine	2.e semaine	3.e semaine	4.e semaine	Observat.

Mois.	1re semaine	2.e semaine	3.e semaine	4.e semaine	Observat.
Janvier.					
Février.					
Mars.					
Avril.					
Mai.					
Juin.					
Juillet.					
Août.					
Septembre					
Octobre.					
Novembre.					
Décembre.					

Mois.	1re semaine	2e semaine	3.e semaine	4.e semaine	Observat.
Janvier.					
Février.					
Mars.					
Avril.					
Mai.					
Juin.					
Juillet.					
Août.					
Septembre					
Octobre.					
Novembre.					
Décembre.